AF705646

ज़ीस्तनामा

कुछ पन्ने ज़िंदगी के

हमीदा हकीम

BookLeaf Publishing
India | USA | UK

Made with ❤ on the BookLeaf Publishing Platform
www.bookleafpub.in
www.bookleafpub.com

Dedication

यह किताब ज़िंदगी को समर्पित है , ज़िंदगी देने वाले को समर्पित है।
उन सब लोगों को समर्पित है जिनके होने से जीना आसान हुआ और
मुश्किल भी ।
उन्हीं के होने से या फिर खोने से यह एहसासात और जज़्बात के
अनगिनत रंग मेरी शायरी / कविताओं में उतर आए।
हर एक ने एक उस्ताद की तरह सबक सीखाया ज़िंदगी का। तो यह
कविता संग्रह हर उस उस्ताद के नाम।

Preface

यह कविता-संग्रह हिंदुस्तानी भाषा में है। जब हिंदी की सुंदरता और सरलता, उर्दू के अदब-ओ-नज़ाकत से मिलती हैं, तो दिल की बोली बन जाती है—और उसी बोली को हिंदुस्तानी कहा जाता है। लिपि देवनागरी है, लेकिन आप अक्सर उर्दू लफ़्ज़ों से भी रूबरू होंगे। आप घबराएँ नहीं; आपकी आसानी के लिए कठिन शब्दों के अर्थ साथ-साथ दिए गए हैं।
मुझे उम्मीद है कि मेरी कविताएँ, नज़्में और ग़ज़लें आपके दिल को छू लेंगी।

इस संग्रह की रचनाओं को मैंने तीन भागों में बाँटा है।
पहले भाग की कविताएँ अपनी तर्ज़ पर स्वयं बोलती हैं—इसलिए उनके बारे में मैं कुछ नहीं कहूँगी।
दूसरे भाग में आज़ाद नज़्में और कविताएँ शामिल हैं, जो अलग-अलग भावों और एहसासों को छूती हैं; इनमें कुछ सामाजिक विषयों पर भी हैं।
तीसरे भाग में चुनिंदा ग़ज़लें संकलित की गई हैं।

उम्मीद है कि यह पूरा संग्रह आपको पसंद आएगा।

Acknowledgements

सब से पहले शुक्रिया उस परवरदिगार का जिसने इस खुबी से नवाज़ा।

फिर शुक्रिया उनका जिन्होंने मेरी लेखनी को पढ़ा, सुना और सराहा।

मेरे दोस्त, अहबाब और खास तौर पर मेरे शौहर और बच्चों का शुक्रिया

जिनकी हौसला-अफज़ाई ने मुझे इस किताब को लिखने और अपनी कविताओं और ग़ज़लों को आप सब के सामने पेश करने की हिम्मत बंधाई।

पहला भाग

मेरी नज़्म ने कहा मुझसे

1. मेरी नज़्म ने कहा मुझसे...

मेरी नज़्म ने कहा मुझसे...
हाँ, अभी कुर्सियाँ ख़ाली हैं,
ना वाह - वाही है, ना ही ताली है।
क्यों देख रही है मुझको ऐसे,
जैसे नज़्म नहीं कोई गाली है।

मैं हमराही तेरी, तेरी दोस्त हूँ–
तेरे अनकहे एहसासों की ज़ुबाँ,
तेरी रतजगी आँखों की सुबह।
तू ने तो मुझसे वो भी कहा
जो शायद ख़ुद से भी न कह पाई थी।
वक़्त ऐसा भी तो आया था
कि मैं बदन और तू परछाईं थी।
उजालों की पाबंदियाँ तुझ पर रहीं,
मुझको आज़ाद रखा तू ने।
तकनीकी ख़राबी बेइलाज रही,
पर मुझको आबाद रखा तू ने।
मुझ में ज़ायका भर दिया
जब कभी दर्द को चख़ा तू ने।

मेरे पते पर तेरे पैग़ाम पहुँचे–
तेरे अश्क, तेरी खुशियाँ, वो बेताबियाँ–
सब सोख लेते थे वो पन्ने,
मुझको मेरी पहचान देने,
ताकि तू भी ख़ुद से रूबरू हो सके,
बग़ैर किसी काँधे के रो सके,
और कह दे अनकहा सब कुछ
बेतुकी तुकबंदी में।

2. मेरे लफ्ज़

कुछ लफ्ज़ सोने में मढ़े होते हैं
पर समझ की फेर से परे होते हैं ।
इसलिए सोने की परत हटा के लिखती हूँ
लफ्ज़ो को सादगी से सजा के लिखती हूँ।

अब झूठ क्यों कहूं, मैं इतनी धनवान नहीं
एक छोटी सी गुल्लक हैं अल्फाज़ की
उसी में से दो चार उठा के लिखती हूँ ।
कभी एहसास लिखती हूँ ,
कभी हालात लिखती हूँ ,
गर एहसास तुम्हारे मिल जाएं इन सफ़हों पर
तो ना समझना कि मैं कुछ चुरा के लिखती हूँ ।
देखीभाली ज़िंदगी, हैं देखेभाले लोग
उन्हीं को समझके समझा के लिखती हूँ।
मैं सोने की परत हटा के लिखती हूँ
लफ्ज़ो को सादगी से सजा के लिखती हूँ।

कभी आँसूओं की सियाही में,
कभी कहकहों के ढंग में
कभी ख्वाबों की रोशनाई में,

कभी समाज के रंग में
कलम को अपनी डूबा के लिखती हूँ
मैं सोने की परत हटा के लिखती हूँ
लफ़्ज़ो को सादगी से सजा के लिखती हूँ।

3. यह कविता है कैसी

कभी मेरे जैसी, कभी तेरे जैसी,
जैसी समझ हो—नज़र आए वैसी-वैसी।
समझो, न पूछो यह कविता है कैसी।

कभी आसमाँ छूकर आई है,
कभी पाताल घूमकर आई है।

कभी सवार है पंखों पर,
कभी साँपों-सी लहराई है।

कभी रंग फूलों का उसमें,
कभी मुश्क-सी महकाई है।

कभी अश्कों-सी भीगी है,
कभी सद्मों की तनहाई है।

कभी शोलों-सी भड़कीली ,
कभी गर्मी की ठंडाई है।

कभी परियों की कहानी-सी,

कभी आईना दिखलाई है।

कभी तैयार पल भर में,
कभी सजने में देर लगाई है।

कभी सरल है–झट समझ लो,
कभी पहेलियाँ बुझवाई है।

कभी तपती धूप में छाया-सी,
कभी अँधेरे में छिपी परछाई है।

कभी नाराज़-सी, उदास-सी,
कभी हौसला-अफ़ज़ाई है।

कभी किस्सा इतिहास का,
कभी वक़्त को आज़माई है।

कभी अकेले नशा किया,
कभी साथ चाय पिलाई है।

कभी खटकते तंज़ हैं,
कभी ज़ुबाँ पे वाहवाही है।

दूसरा भाग

ये कुछ आज़ाद नज़्में और कविताएं हैं।
कुछ को बिना डोर के उड़ना था, सो उड़
ने दिया
और कुछ को तो बस बहना था , सो
बहने दिया
हम करें ना करें , पर ये अपनी मनमानी
करती हैं ।
ज़िदगी की तरह बेबहर ....

4. बादलों का पैगाम

कुछ कहा है बिदलों ने
उन परिंदों के कानों में
उड़ उड़ कर वो तो जा रहे
अपने आशियानों में
रास्ते में जो भी मिला
पैगाम पहुंचाता चला
देखो कितना शोर गुल है
आज आसमानों में
कुछ कहा है बादलों ने
उन परिंदों के कानों में

मैं बेपर अक्ल का मारा
ये तमाशा देखा सारा
बारिशें घिर के आ गई
ना समेटा गया पसारा
सोच रहा हूं आखिर क्या
बैर मुझसे है अब्र को
टोंक देता गर मुझे वो
तो भीगता ना मैं यूं सारा।
क्यों की होगी कानाफूसी

बस परिंदों के कानों में
उड़ उड़ कर वो चले गए
सब अपने आशियानों में
मैं ढूंढता रहा छाता कहीं
बिखरे हुए सामानों में।

कैसे समझ पाऊंगा मैं अब
कुदरत की आवाज़ों को,
सरसराते पत्तों को और
हवा के नित नये साज़ों को ।
आवाज़ आती है कोई क्या
जब ओस की बूंदें गिरतीं हैं,
जब तारे टिम - टिम करते हैं
या धरती गर्दिश करती है ।
जब वक़्त की सूई चलती है
और उम्र आगे बढ़ती है
क्या कोई टक - टक होती है
या कोई आहट होती है ?

ज़िंदगी की दस्तक कभी
ना पहुंचीं मेरे कानों में
ढूंढता रहा मैं खुद को
कानों में बजते गानों में
देख ना पाया क्या क्या है
इन मिले हुए खज़ानों में
टटोलता रहा सच अपना
रोज़ ही नये बहानों में

कैसे कहते बादल फिर कुछ
ढंके हुए इन कानों में।

5. राशन

महीने के राशन में calendar लिखाया
एक और साल ख़त्म हुआ याद दिलाया
बस calendar ही नया था
बाकी हमेशा का ही था सामान
कुछ खाली कुछ ज़रा भरे मर्तबान
बताते रहे क्या रह गया क्या लाना है
टूटे पुराने कहने लगे बदल गया ज़माना है ।

अचार की बर्नी में गप्पे रखे थे
फफूंदी लगी थी अब वो भी सड़े थे,
कोई नमी रह गई होगी बाकी,
नमक की कमी रह गई होगी बाकी
सो उसकी भी जगह हो गई साफ आखिर।

माफी के ढिब्बे पर जब देखी तारीख़
Expiry date उसपर लिखी थी बारीक
कब का वो वक़्त खतम हो गया था
और पछतावा जैसे सितम हो गया था
काश की वक़्त पे उसे लिया दिया होता
फिर आज कोई किसी से गिला ना होता ।

गंगा में बहा कर आई हूँ अब की बार
जली भुनी बातें, दर्द की सौगाते, अपनो का वार
जगह खाली की है ज़िंदगी से भरने को
चैन से जीने को और सुकून से मरने को
इस बार ज़िंदगी की expiry date नहीं थी
Organic और non toxic जो मिली थी
उसकी भी कोई पर guarantee नहीं थी।

6. मोह के धागे

जीवन जैसे चादर सफेद, बहुरंगी है मोह के धागे
कारीगरी है सब रब की, कौन दिशा कौन रंग लागे
कशीदाकारी करे लगाकर ये मोह मोह के धागे।

खुशियों के है फूल बने , बेलें बनी है यादों सी
अरमानों की पत्तियाँ, तितली रंगी है ख्वाबों सी
सुनहरी धूप है और काले बादल भी है
बरसती बूंदों की झीनी सी झालर भी है
उकेर दिये है बदलते मौसमों के रंग भी
उन्हीं के साथ बदलते हुए हमारे ढंग भी।

बनी है सोने चाँदी की अशरफियाँ भी
पकवानों में बनी है बरफियाँ भी
ईद, क्रिसमस, दीवाली, होली,
दोस्त, परिवार, हमदम, हमजोली
नन्हीं सी आँखों की खुलती पलकें भी
मुड़ मुड़कर देखती डोली से झलकें भी।

आनेवाले से मोह, जानेवाले का मोह
कभी उड़ान है मोह, कभी बंधन है मोह

किसी न किसी रंग का धागा बंधा हुआ है
किसी न किसी मोह में हर कोई रंगा हुआ है
वक़्त के साथ यह कढ़ाई खुल जाएगी
त्याग मोह के धागे चादर सफेद हो जाएगी
वक़्त रहते कुछ कारीगरी और हो जाने दो
वक़्त आए तो कोरी चादर ओढ़े सो जाने दो।

7. रिश्तों की जड़ें - १

कुछ रिश्तों की जड़ें होती हैं,
ज़मीन नहीं होती हैं।
ये जड़ें हवाओं से नमी खींचती हैं,
यूँ ही अपना रिश्ता सींचती हैं।

ये रिश्ते नाम के मोहताज नहीं होते,
किसी अंजाम के दावेदार नहीं होते।
जब तक इन पर एहसानों, ख़्वाहिशों,
हसरतों और हसद की धूल नहीं चढ़ती,
ये रिश्तों की जड़ें ज़मीन नहीं पकड़तीं।

एक बार ज़मीन से जुड़ गईं
तो ये अपना हिस्सा माँगती हैं,
जैसे विरासत में भागीदार हों।

रहने दो कुछ रिश्ते यूँ ही हवाओं में –
जो तुम्हारा हिस्सा तो हों,
पर तुम्हारी ज़मीन का हिस्सा न हों।
आख़िर कितने हिस्सों में बाँटोगे ख़ुद को?
तुम्हारी मिट्टी इतनी वसी' नहीं।

बस जड़ें कटने मत देना।

कठिन शब्दों के अर्थ

मोहताज - निर्भर, ज़रूरतमंद
अंजाम - परिणाम, अंत
दावेदार - हक़ जताने वाला, मांग करने वाला
एहसान - उपकार, किसी पर किया गया भला
ख़्वाहिश - इच्छा, चाह
हसरत - अधूरी रह गई तमन्ना, चाहत
हसद - जलन, ईर्ष्या
वसी' (वसीअ) - चौड़ा, बड़ा, व्यापक
विरासत - पैतृक संपत्ति, जो किसी के बाद हासिल हो
भागीदार - हिस्सेदार, साझेदार

८. रिश्तों की जड़ें - २

ज़माने हुए मुझे टूटे हुए,
ज़मीन अपनी समेटे हुए,
जड़ों से मिट्टी को सटे हुए,
सींचती नसों को कटे हुए।

बेलें वक़्त की बढ़ती हैं,
ज़िंदगी के फूल मढ़ती हैं,
धड़कन रंग तो भरती है,
बस सुर्ख़ फूल ही रंगती है।

सूंघते हुए भी इन्हें डरती हूँ,
ज़ख़्मों की बू से अखरती हूँ,
इत्र का छिड़काव करती हूँ,
साँसें कभी रोक के रखती हूँ।

ढेर जो कभी होने लगती हूँ,
बिखर कर पसरने लगती हूँ,
सदाओं पर चौंक जाती हूँ,
फिर उठकर लौट आती हूँ।

कशमकश ये न बाँटी तुझसे,
अजब जंग है जारी ख़ुद से,
थम जाते हैं क़दम बढ़ के,
फिर से देखती हूँ मुड़ के।

मिट्टी जो जुड़ी थी जड़ से,
झड़ी तो नहीं कहीं मुझसे।

कठिन शब्दों के अर्थ

1. समेटे हुए – इकट्ठा किए हुए, सँभाले हुए
2. सटे हुए – चिपके हुए, लगे हुए
3. सींचती – पोषित करती, तर करती
4. नसों को कटे हुए – जीवन-रस के स्रोत घायल / टूटे हुए
5. मढ़ती हैं – चढ़ाती हैं, सजाती हैं
6. सुर्ख़ – लाल, रक्तिम
7. बू – गंध, बदबू
8. सदाएँ – आवाज़ें, पुकारें
9. कशमकश – भीतर की उलझन, मानसिक संघर्ष

9. कठपुतली

सुलझाने की कोशिश में
वो हाथों में ही टूट गई,
जो डोर बँधी थी कठपुतली से,
कठपुतली से ही रूठ गई।

चार हाथों की खींचा-तानी में
दो हाथों का खेल रुक गया,
और देखता रहा जहाँ सारा
हाथों से फिसलती डोरी को।

कठपुतली बेचारी नाच न पाई,
डोर में कितनी ही गाँठ लगाई,
अब दीवार पर बस टंगी है वो,
पहले से भी ज़्यादा बेजान हो।

लहू से भरी नस थी वो डोरी,
जिसके टूटते ही नब्ज़ हुई कोरी,
और देखता रहा जहाँ सारा
साँसों-सी टूटती डोरी को।

कठिन शब्दों के अर्थ

बेजान - जिसमें जान न हो
नब्ज़ - दिल की धड़कन का स्पंदन
कोरी - खाली, शून्य

10. डूबता जहाज़

मैं जैसे सिंदबाद था और वो मेरा जहाज़ था।
मैं तभी जवान था और वो भी खुशमिजाज़ था।
सफर ज़ोर शोर से चला जो साथ उसका मिला
पुरजोश मैं भी था और वो भी कारसाज़ था।
जहाज़ था या था किला जो लहरों पे था बह रहा
मिज़ाज जो हो मौसम का, तैरना तो तय रहा।
बगैर जाने तैरना मैं तूफ़ानो से भिड़ता रहा
सफर दर सफर बढ़ता रहा लहरों से लड़ता रहा
इक दूजे पर भरोसे का कुछ अलग ही अंदाज़ था
मैं जैसे सिंदबाद था और वो मेरा जहाज़ था।

कई सफर ज़िंदगी के इस तरह बसर हुए
वक़्त भी चलता रहा और हम भी चलते रहे।
मैं जैसे सिंदबाद हूँ और ये मेरा जहाज़ है
रुकते पुरज़ो का शोर है, कराहने की आवाज़ है
मैं भी हूं अब थक रहा और ये भी तो नासाज़ है।

अब समंदर का पानी अंदर रिसने लगा है
कमर से हो कर गर्दन को घिसने लगा है।
चलो आखरी सफर का शायद आगाज़ है

समंदर का साज़ है और लहरों की आवाज़ है
मैं डूबता सिंदबाद हूँ और ये डूबता जहाज़ है।

कठिन शब्दार्थ

सिंदबाद – अरबी–फ़ारसी कथाओं का प्रसिद्ध समुद्री यात्री ।
खुशमिज़ाज़ – प्रसन्न स्वभाव वाला, हँसमुख।
पुरजोश – उत्साह से भरा हुआ।
कारसाज़ – काम सँवारने वाला, सहायक, मददगार।
क़िला – मज़बूत दुर्ग; यहाँ जहाज़ की मजबूती का बिंब।
मिज़ाज – स्वभाव, प्रकृति।
बग़ैर जाने – बिना सोचे–समझे, अनजाने में।
तूफ़ान – आँधी–झंझावात; जीवन की कठिन परिस्थितियाँ।
भिड़ता रहा – टकराता रहा, सामना करता रहा।
अंदाज़ – ढंग, तरीका।
बसर हुए – बीते, गुज़रे।
नासाज़ – ठीक न होना, बिगड़ा हुआ।
पुरज़े – मशीन के हिस्से
कराहने– दर्द में निकलने वाली आवाज़।
रिसने लगा – धीरे–धीरे भीतर आने लगा है
आख़िरी – अंतिम।
आग़ाज़ – शुरुआत।
साज़ – धुन, स्वर; यहाँ समंदर की आवाज़ों

11. बातें

मत पुछो की, क्या हुआ?
क्यों चुप हो, कुछ कहना है?

हां , कहनी तो है बातें बहुत सी मगर,
समझने समझाने की गुंजाइश ज़रा कम है
इन्हें वक़्त की धूप ने सुखाया नहीं अभी
ये अब भी हरी हैं, कच्ची हैं और ज़रा नम हैं
अभी कह दीं तो देर तलक चलती रहेगी
ज़हन की शाख़ो पर देर तक टंगीं रहेगी
आती जाती हवाओं से सरसराएगी
बढ़ेगी और बढ़ेगी, और इतना पनपेंगी
की तने से हो कर जड़ों तक जुड़ेंगी
तुम्हें जज़्ब कर लेंगी और फैलेगी
हमारी ज़ात की खुराक पर पनपेंगी।
सो, अभी तो बस चुप रहना है
तो मत पुछो, क्या हुआ?
क्यों चुप हो, कुछ कहना है?

तुम से ना कही तो हम किससे कहेंगे
कहे बिना भी तो हम रह ना सकेंगे

वक़्त की धूप जब ये बातें सुखा देगी
तब ज़हन की शाख़ो पर कुछ देर रहेगी
और आती जाती हवाएं इन्हें उड़ा देगी
ना भी निकलीं तुम से तो, पनप ना पाएंगी
तुम्हारे किसी कोने में कहीं पाई जाएगी
कभी याद तो आएगी पर पनप ना पाएंगी
तुम्हारी- मेरी ज़ात को जज़्ब ना कर पाएंगी

तुम को तुम सा रहना होगा
गर मुझको मुझसा रखना है
इस वक़्त तो बस चुप रहना है
तो अभी मत पुछो, क्या हुआ,
क्यों चुप हो , कुछ कहना है।

कठीन शब्दों के अर्थ

गुंजाइश – संभावना,
ज़हन – मन, मस्तिष्क
शाख़ – डाल, टहनी
पनपना – बढ़ना, विकसित होना
तना – वृक्ष का मुख्य भाग
जज़्ब करना – आत्मसात कर लेना, भीतर समा लेना
ज़ात – अस्तित्व, पहचान, स्वयं
खुराक – पोषण, आधार

12. हालात

चाक-ए-जिगर लेकर मज़लूम जिधर जाएंगे,
ख़ून की बू से वो ज़ालिम भी उधर आएंगे।

रह गया है अब मलबा ही ये शिफ़ाख़ाने का,
ढूंढने को अब कहां हम चारागर जाएंगे।

ज़ख़्म सिले थे जो वो अक्सर ही खुल जाते हैं
कैसे हो इत्मीनान कि अब के वो भर जाएंगे।

ढूँढते हैं माँ-बाप उन लाशों के ढेरों में,
साथ लिये अपने बच्चों को वो घर जाएंगे।

ना बचा घर और ना घर वाले बमबारी में
और जो बच गए वो जीते-जी मर जाएंगे।

दूर से पूछो हाल मेरा तो बेहतर होगा,
पास से देखेंगे मेरा हाल – तो डर जाएंगे।

अपनी आँखों से ग़फ़लत की पट्टी तो उतारो,
देखेंगे आइना – तो नज़रों से उतर जाएंगे।

कोई सराबों सी है यहां इंसानियत अब तो,
छू के देखो तो सब इंसान बिखर जाएंगे।

कठिन शब्दों के अर्थ

चाक-ए-जिगर – दिल का दर्द / दिल का ज़ख़्म
मज़लूम – अत्याचार झेलने वाला, बेगुनाह पीड़ित
ज़ालिम – अत्याचारी, ज़ुल्म करने वाला
बू – गंध / महक
शिफ़ाख़ाना – अस्पताल
मलबा – टूटे हुए ढांचे के अवशेष, खंडहर
चारागर – इलाज करने वाला, हकीम;
इत्मीनान – संतोष, भरोसा, दिल का चैन
ग़फ़लत – लापरवाही, अनदेखी
सराब – मृगतृष्णा, धोखा देने वाला चमकीला भ्रम

13. अधमरी मकड़ी

मेरे सामने एक बक्सा है
अंदर शायद अंधेरा है
या राज़ कोई गहरा है ।

हो सकता है तस्वीरें हो
या ज़ंग चढ़ी ज़ंजीरें हो
या ख्वाबों की ताबीरें हो।

बक्सा खोल ही लेती हूं
झिझक छोड़ ही देती हूं
ज़रा अंदर झांक लेती हूं ।

अंदर अधमरी इक मकड़ी थी
अपने ही जाल में जकड़ी थी।
बक्से के खालीपन से बेज़ार
चलाएं होंगे अपने औज़ार
और भर भर के जाले बुने
कुछ धागे शायद मन से चुने
कुछ अनमने सही मगर बुने।

अरमानों, ख्वाबों के धागे
पाना और खोना पीछे आगे
दुश्वारियों के जाले,
हैरानियों के जाले,
परेशानियों के जाले,
नादानियों के जाले,
पशेमानियों के जाले,
खामियों के जाले बना डाले
अपने ही जाल में फंसती गई
निकलने की चाह में धंसती गई।

सफाई लाज़मी थी, सो करदी गई
जाले टुटे तो एक पुरानी पर्ची पाई
ज़र्द सफहे में घुलने को थी स्याही
किसी का कलाम था , बेनाम था
वो बक्सा खाली न था , सामान था
उस बक्से को चाहा खुद से भरना
जाले निकले तो आसान था करना
उसे अपनी कविताओं से भर दिया
रौशनाई के नूर से रौशन कर दिया।

यहां उसका बसर ना था,सो चली गई होगी
वो अधमरी मकड़ी बक्सा ढूंढ रही होगी
यहां तो नहीं है, तेरे बक्से में गई होगी।

14. मेरा सम्मान

तुझे हक दिया है मान का, सम्मान का
ना हक जता अभिमान से
ना चीर हरण कर नेत्र से
ना खेल मेरे स्वाभिमान से।

तेरे पाप का बोझ मैं क्यों सहू
क्यों रहू भयभीत तेरे कुकर्म से
खुद टटोल अपने अधर्म को तू
ना डरा मुझे किसी धर्म से ।

तू अपने स्तर से गिरता है
पर मान मेरा क्यों हरता है ?
अमान्य है मुझे एसा अपमान अब
मैं स्वयं निश्चित करूगी अपना मान अब ।

प्रतीक्षा नहीं है करनी अब, मैं खुद सखा बन जाऊँगी
अपने भीतर ही खुद कान्हा सा अलख जगाऊँगी
तू लूटता थक जाएग, मेरे मान को ना छू पाएगा,
क्योंकि की तेरी नीचता मेरा मान नहीं हर सकती है ।

तुझ से अपना सम्मान कराने में मैं असमर्थ सही
पर मेरा अपमान करने का सामर्थ्य तुझे में नहीं।

15. मोमबत्ती

चलो, फिर एक मोमबत्ती जलाते हैं,
कि एक और हादसा सामने आया है।
चलो, फिर इंसाफ की गुहार लगाते हैं,
किसी ने फिर एक जिस्म नोच-खाया है।

चलो, फिर एक मोमबत्ती जलाते हैं,
कि अंधेरों में ज़ख्म नज़र नहीं आएंगे–
समाज के ये नासूर कैसे भर पाएंगे?
फिर से मरहम-पट्टी कराते हैं।
फिर एक मोमबत्ती जलाते हैं

चलो, फिर एक मोमबत्ती जलाते हैं,
कि कोई आइना देखना चूक न जाए,
कोई हादसा भटककर तेरे दर न आए।
तुझे छूने से पहले ही वो हाथ कटवाते हैं–
अब मोमबत्ती नहीं, मशाल उठाते हैं।

16. आज की सीता

उस रावण को सदियों से जलाया है
जिसने देवी सीता का अपहरण किया
माना , माना के अधर्म किया,
पर नारी की अस्मिता अभंग रही
इस युग की व्यवस्था क्यों अपंग रही ?

मर्यादा की हर हद पार करते मानव
नारी की लाज को तार- तार करते दानव
खुलेआम घूम रहे हैं शहरों में , गांव में
आज भी करवाई हुई, दंड के आभाव में ।
एक अधर्मी का सिर धड़ से अलग होगा जब
दस अधर्मी सिर उठाने से डरेंगे तब ।

क्या आज की सीता का कोई राम नहीं ?
कोई लक्ष्मण , क्या कोई हनुमान नहीं ?
बस उठती उंगलियां और जलती मोमबत्तियां
क्या इसके सिवा कोई हथियार नहीं ?
क्या आज की सीता इंसान नहीं ?
या आज के युग में इंसाफ नहीं ?

17. कुछ तुम लाना

कुछ तुम लाना, कुछ मैं सितारे लाऊगी
ये न समझना कि मैं ही सारे लाऊगी।
कभी रौशनी से तेरी ज़िंदगी जगमगादू मैं
कभी तू जगमगाना जब मैं अंधियारे लाऊगी

कभी खुशियों की चाशनी मैं घोलू
कभी तुम भी मिठास बन जाना
कहीं कड़वे पल जो आजाए
या जब आँसू मैं खारे लाऊगी।
कुछ तुम लाना, कुछ मैं सितारे लाऊगी।

सफर तवील है ज़िन्दगी का ऐ हमसफर
हमराह तूफ़ां भी होंगे, सैलाब भी
कश्ती भी ड़ोलेंगी, तुम पतवार संभाल लेना
और मैं किनारे लाऊगी।
कुछ तुम लाना, कुछ मैं सितारे लाऊगी।

एक दूसरे को बदल के जब थक जाएंगे
तब फिर से पुराने हम हो जाएंगे
तुम मेरे कुछ ख्वाब ले आना

मैं सारे ख्वाब तुम्हारे लाऊगी।
कुछ तुम लाना, कुछ मैं सितारे लाऊगी।

जब सेहमी सी आँखों में नींद नहीं आएंगी
प्यारी सी थपकी एक मेरे सिरहाने रख जाना
जब तुम को ज़रूरत होंगी तब मैं
नींद, थपकी, सपने सुखाने सारे लाऊगी
कुछ तुम लाना, कुछ मैं सितारे लाऊगी।

अगर शिकवे शिकायत की होड़ लग जाए
कभी तुम चुप रहना, कभी मैं रेह जाउगी
न अगले दिन तक जाए बहस हमारी
ये वादा हर बार नीभाऊगी
कुछ तुम लाना, कुछ मैं सितारे लाऊगी।

कठिन शब्दों के अर्थ

चाशनी - मिठास से भरा घोल, यहाँ मीठे एहसास
तवील - लंबा, विस्तृत
हमसफ़र - साथी, जीवन साथी
हमराह - साथ-साथ
पतवार - चप्पू, नाव चलाने का नियंत्रण
शिकवे–शिकायत नाराज़गी, उलाहना

18. परिधान

मेरे देश का परिधान है
जिसे कहते हम संविधान है
एक अखंड लंबा वस्त्र है
लोकतंत्र का शस्त्र है
जैसे मैया की हो साड़ी
या हो बाबा की पगड़ी
इज्ज़त है, लाज है
जैसे सर का ताज है ।
यह कोई सूट बूट या पैंट नहीं
जो काट जोड़ से बना हो
यह अखंड है तो शान है
जिसे कहते हम संविधान है।

हाँ जोड़ो इसमें पैबंद तुम
गर कमज़ोर पाओ इसको
बेल बूटे बनाओ इस पर
सितारों से सजाओ इसको
पर कैंची चलाने की बात न कर
इसे कुछ और बनाने की बात न कर
न रंगों सा छाँटो, न झंडों सा बाँटो

गरिमा को इसकी न तुकड़ों में काँटो
यह कट कर पहचान खो देगा
इसकी पहचान स्वाभिमान है
यह तो देश का संविधान है।

19. ज़िंदगी

वक़्त जैसे सहरा हो और सैराब ज़िंदगी
नींद भर है ये जहान और ख्वाब ज़िंदगी
आंखों से जो ना बह सका वो आब ज़िंदगी
बांध से रुका हुआ है सैलाब ज़िंदगी
बर्बाद हुए हैं जहां वहीं आबाद ज़िंदगी
बिगड़ने और संवरने के आदाब ज़िंदगी
सांसों और धड़कनों का हिसाब ज़िंदगी
कहानी कभी,कभी कोरी किताब ज़िंदगी
सज़ा सी लगती नहीं वो आज़ाब ज़िंदगी
है कभी रहमत रब की, है सवाब ज़िंदगी
नाचीज़ ना समझो इसे है सुर्ख़ाब ज़िंदगी

कठिन शब्दों के अर्थ

1. सहरा - रेगिस्तान, बंजर ज़मीन।
2. सैराब - पानी से भरपूर, तृप्त, तरबतर।
3. आब - पानी, नमी, चमक, जीवन।
4. सैलाब - बाढ़, तूफ़ान की तरह उमड़ता पानी।
5. आदाब - तौर-तरीके, शिष्टाचार, नियम।
6. हिसाब - गिनती, लेखा-जोखा, गणना।

7. आज़ाब - सज़ा, कष्ट, यातना।

8. रहमत - दया, कृपा, ईश्वर की मेहरबानी।

9. सवाब - पुण्य, अच्छा कर्म का फल।

10. नाचीज़ - तुच्छ, छोटा, नगण्य।

11. सुर्ख़ाब - एक खूबसूरत परिंदा जिसके पर की उपमा बहुत कीमती और अनमोल चीज़ के लिए दी जाती है; अर्थात "बहुत कीमती, बेहद ख़ास।"

20. एहसास के जुगनू

जुगनूओं की तरह कुछ एहसास
एक बर्नी में कैद कर रखें थे।
जगमगाते थे, टिमटिमाते थे,
धीरे धीरे वो जगमगाना भूल गये।
वक़्त की गर्द से बचाने को
मैं ने बर्नी संभाल कर ऊपर
उठा कर रख दी और, भूल गयी ।
मैं अक्सर करती हूं ऐसा
मैं तो खुशियां भी उठा कर
रख देती हूं, बाद में जीने को।
कुछ क़हक़हे भी कहीं उठा कर
रखें है, पर याद नहीं कहां।
खैर, ...
जब भी किसी जुगनू की सांस टूटती
तो एहसास कराहते मुझ में,
पूछते मुझसे
झिंझोड़ कर पूछते,
क्यों आंखें नहीं दी
जब हम रोना चाहते थे?
क्यों कान बंद कर लिये

जब हम कुछ कहना चाहते थे?
क्यों आवाज़ नहीं दी
जब हम चीखना चाहते थे
बताना चाहते थे सबको अपनी बात,
क्यों आवाज़ नहीं दी?
वो मुझसे सवाल पर सवाल किए जाते
एहसासों के कटघरे में मैं
बिना जिरह मुजरिम करार दी जाती ।
मेरा एक बहुत बड़ा हिस्सा
उस बर्नी में कैद रह गया,
शायद कब का दम तोड़ चुका है
और मैं उसे दफ़ना भी नहीं सकती
मैं भूल जो चुकीं हूं
न जाने वो कहां है।

कठिन शब्दों के अर्थ

जुगनू - रोशनी देने वाला छोटा कीड़ा
बर्नी - काँच या मिट्टी का छोटा जार / शीशी
कैद - बंद किया हुआ, क़ैद
गर्द - धूल, समय की जमी हुई धूल
क़हक़हा - ज़ोर से, खुलकर की जाने वाली हँसी
मुझरिम - अपराधी, दोषी
दम तोड़ना - मर जाना, पूरी तरह समाप्त हो जाना
दफ़नाना - मिट्टी में दफ़न करना;

21. मनमर्ज़ी

बंदिशों की काँटेदार सरहद लाँघ लूँ,
ख़ुदी से ख़ुद की फिर बेख़ुदी माँग लूँ।
बेझिझक सरपट ख़्वाबों तक भाग लूँ,
पिघलाने बेड़ियाँ जुनून से आग लूँ।
फिर जब दौड़ूँ तो दर्द भी छोटे लगें,
ग़म सारे बेमोल सिक्के जैसे खोटे लगें।
ना-वाक़िफ़ हो मंज़िल से चाहे मेरा सफ़र,
पर मुझसे हों वाक़िफ़ मेरी हर एक डगर।

मैं बादलों के छाते तले चल पड़ूँ,
अपने हिस्से की ख़ातिर खुल के लड़ पड़ूँ।
आसमाँ हो हैरान मेरी परवाज़ पर,
बहारें लौट आएँ मेरी आवाज़ पर।

बहारों के रंग से मैं रंग लूँ ख़िज़ाएँ,
सौंधी-सी महक से महका दूँ फिज़ाएँ।
मनमर्ज़ियाँ मेरी अगर चल जाएँ,
तो रोशन हो जाएँ अँधेरों के साए।
कोई अकेला भी न खुद को पाए–

मनमर्ज़ियाँ मेरी अगर चल जाएँ।

कठिन शब्दों के अर्थ

बंदिश - रोक, प्रतिबंध

ख़ुदी - आत्म-स्वरूप, आत्म-चेतना

बेख़ुदी - खुद से परे हो जाना, जुनून या दीवानगी की अवस्था

सरपट - तेज़ी से, बिना रुके

जुनून - प्रबल इच्छा, passion

बेमोल - जिसकी कोई कीमत न हो

खोटे सिक्के - नकली/बेकार चीज़ें; रूपक में: बेकार ग़म

ना-वाक़िफ़ अनजान, अनभिज्ञ

परवाज़ - उड़ान

ख़िज़ाएँ - पतझड़ का मौसम

फिज़ाएँ - हवाएँ, वातावरण

मनमर्ज़ियाँ- अपनी इच्छा/मर्जी के अनुसार काम करना

22. क्या मिल पाएगी

ज़िंदगी मोहलत दे भी दे तो
क्या मौत से मोहलत मिल पाएगी?
माल-ओ-ज़र से भरी हों तिजोरियाँ तो
क्या सुकून की दौलत मिल पाएगी?
हाथों की लकीरों को घिस के गर मिटा दूँ
तो क्या नई-सी किस्मत मिल पाएगी?
बेक़द्र ज़माने के बाज़ार में ज़िंदगी गुज़ारी
क्या उस मशक़्क़त की क़ीमत मिल पाएगी?
दवाओं की पाबंदी से आराम मिल भी जाए
क्या फिर से वो सेहत मिल पाएगी?
अनदेखी मेरी मेहनत की आदत न बनाओ
क्या जाने कब तक ये ज़हमत मिल पाएगी।
बस ख़ामियाँ तलाशोगे तो ख़ामियाँ ही मिलेंगी
फिर क्या अच्छाइयों की नेमत मिल पाएगी?
दुनिया की चाहत में दाग़दार है ईमान
क्या तब भी रब की निस्बत मिल पाएगी?

कठिन शब्दों के अर्थ:

मोहलत - समय, अवसर, respite
माल-ओ-ज़र - धन-दौलत, पैसा-संपत्ति
बेक़द्र - जिसका मूल्य न समझा जाए / अवमूल्यित
मशक़्क़त - कठिन मेहनत, मुश्किल भरा परिश्रम
क़ीमत - मूल्य, कीमत
पाबंदी - नियम या नियंत्रण का पालन
ज़हमत - कष्ट, मेहनत, प्रयास
ख़ामियाँ - कमियाँ, दोष
नेमत - ईश्वर की दी हुई नेमत/बरकत
ईमान - विश्वास, धार्मिक आस्था
दाग़दार - कलंकित, धब्बेदार, पवित्रता में कमी
निस्बत - संबंध, जुड़ाव, connection with God

23. पेड़ और परचम

सदियों में एक पौधा सींच-के पेड़ बना है,
फैली हैं जड़ें मेरी और मज़बूत तना है।
अगर मुझको उखाड़ोगे
तो पूरा बाग़ उजड़ जाएगा,
फिर इस बंजर ज़मीन पर
किसका परचम लहराएगा।

मैं इस चमन का कोई हिस्सा नहीं हूँ,
बल्कि इस चमन के हर हिस्से में मैं हूँ।
मुझे किस–किस से तोड़ोगे,
किस–किस से काटोगे?
मैं ज़िंदा हूँ – कोई गुज़रा किस्सा नहीं हूँ।
मुझको काटोगे तो पूरा बाग़ बट जाएगा,
फिर इस बंजर ज़मीन पर
किसका परचम लहराएगा।

मैं इस परचम का कोई दाग नहीं हूँ,
कुर्बानी का रंग हूँ – कोई आग नहीं हूँ।
मुझको धो लो, निचोड़ लो, चाहे जला दो,

पर अगर मुझको जलाओगे
तो यह परचम भी जल जाएगा।
फिर इस बंजर ज़मीन पर
किसका परचम लहराएग?

कठिन शब्दों के अर्थ

सींचना - रंपानी देना, पोषित करना
तना - पेड़ का मुख्य मोटा हिस्सा
परचम - झंडा / ध्वज
चमन - बाग़, गुलिस्तां
गुज़रा किस्सा - बीती हुई बात, इतिहास
क़ुर्बानी - बलिदान
दाग़ - धब्बा, कलंक

24. सुर्ख तितली

भूरी, थोड़ी सुनहरी गिलहरी,
मिली तितलियों से भरी दोपहरी।
पंखों पे छींटे थे सुर्ख़ कई,
पूछा सबब क्या है, बात नई।
वो बोलीं...
वादी में ग़ुलों का यही हाल है,
हर फूल पे छींटे कई लाल हैं।
उनकी महक में लहू की बू मिल गई,
ख़ूं की खाद से सियासत खिल गई।
वादी में छाया अजब मलाल है,
हर फूल का रंग अब हुआ लाल है।

हुआ भेड़ियों का गुज़र वहाँ से,
पूछा – घबराए हुए आए कहाँ से?
इंसानी बस्ती का रुख़ क्यों किया?
या बहते लहू ने कुछ कह दिया?
तो बोले...
इंसानियत न हो तो हैवान से बदतर है,
ये इंसान नहीं, जानदार पत्थर हैं।

ये ख़ूं की नदियाँ बहाने से न चूकें,
इन से झाँकते हैं कई हैवान भूखे।
हम तो भूख के मारे शिकार करते हैं,
ये तो बेवजह भी संहार करते हैं।
इन्हें अच्छे–बुरे की पहचान नहीं है,
शुक्र है मालिक का, हम इंसान नहीं हैं।

फिर आलूदा हवाओं की आंधी आई,
गुलाल सी लाली हवाओं में छाई
गुबार में हर तितली सुर्ख़ नज़र आई।
फिर उंगलियाँ उठीं उन लाल परों पर,
इल्ज़ाम उठाए वो बेगुनाह सरों पर।
बे–ज़रर वो सारी गुनाहगार हो गईं
शर्मिंदा किसी और के गुनाह पे रो गईं।
उन आंसूओं से भी ना धुला वो रंग
बेअसर रहे बदलें दोस्तों के ढंग।

बस अब दुआ है कि ये गुबार छटे,
आँखों के आगे से अब ये पर्दे हटें।
बेदाग हो जाएं, फिर से महके हर गुल
कि गुलिस्ताँ ये सारा फिर जी उठे,
तितलियां फिर अपने रंगों में दिखे।।

कठिन शब्दों के अर्थ

सुर्ख़ -   लाल रंग, गहरा लाल

सबब - कारण

वादी - घाटी, पहाड़ी इलाक़ा

ग़ुल - फूल

लहू / ख़ूँ - खून

मलाल - दुख, पछतावा

रुख़ - दिशा, ओर

हैवान - जंगली जीव, पशु

संहार - नाश, कत्लेआम

आलूदा - दूषित, गंदी (हवा आदि)

गुबार - धूल का धुंधलापन

बेगुनाह - निर्दोष

बे–ज़रर - जिसे किसी को नुकसान न पहुँचाने वाला

गुनाह - पाप, गलती

गुलिस्ताँ फूलों का बाग

बेदाग बिना दाग़, पवित्र, साफ़

25. मेरी ज़मीं

ऐ मेरी ज़मीं, तुझे माँ है कहा,
तेरा मेरा साथ जन्म का है।
मैंने तुझसे वफ़ाएँ की हैं सदा,
ये मेरा काम धर्म का है।

बचपन ने चखा है स्वाद तेरा,
सजदों में माथा चूमा है।
तेरी सौंधी महक है साँसों में,
और गर्व से चौड़ा सीना है।

घूम के देखे देश और भी,
माई – तुझ सा कोई मिला नहीं।
जो तेरी गोद में मिला सुकून,
वो और कहीं भी मिला नहीं।

तेरे हाथों में मेरी रोज़ी है,
तेरी गोद में है सिरहाना मेरा।
तुझे छोड़ के अब मैं जाऊँ कहाँ –
तेरी मिट्टी ही है ठिकाना मेरा।

कठिन शब्दों के अर्थ

ज़मीं - ज़मीन, धरती

सजदा - माथा टेक कर इबादत करना, प्रणाम करना

सिरहाना - सिर रखने का सहारा, तकिया

ठिकाना - निवास, रहने की जगह,

26. मैं माफी मांगने आई हूँ

हमको माफ करना माई
मैं माफी मांगने आई हूँ
शर्मिंदा हूँ बहुत मगर
फिर भी तेरी परछाई हूँ।

जब तू थी चुस्त दुरूस्त
तब मैं भी तो तंदुरूस्त थी
जब तुझको दूषित कर दिया
तब से मैं भी तो मुरझाई हूँ।
मैं माफी मांगने आई हूँ।

तेरी फसलों में ज़हर मिलाया
तेरी नदियाँ प्रदूषित कर डाली
तेरे समंदर मैले कर डाले
और अब छान के पानी लाई हूँ।
मैं माफी मांगने आई हूँ।

तेरे कटते जलते जंगल अब
मेरे फेफड़ों पे हसते हैं

प्रगति के धुएँ में साँस लेने को
मैं ऑक्सीजन सिलिंडर लाई हूँ।
मैं माफी मांगने आई हूँ।

तेरे तपते बदन के छाले
अब मेरे तन पर दिखते हैं
प्रकृति की ढेहती ढलानों से
मैं मरहम मांग के लाई हूँ।
मैं माफी मांगने आई हूँ।

यह प्रकृति तो रब की भेंट है
फिर भी मलया मेट है
आओ फिर इसे संभाले
हरियाली से इसे सजाले।
नदियाँ, समंदर, हवाएँ छानलें
और इसको अपना धरम मानलें।
अगर साधनों पर अधिकार है
तो यह भी तो परिवार है
मैं माँ की चिट्ठी लाई हूँ।
मैं माफी मांगने आई हूँ।

27. वजूद

मेरे वजूद के मलबे को बड़ी बेसब्री से तलाशा था
उसी मलबे से हर किसी ने मुझे अपने सा तराशा था।
वो अपनी कारीगरी मुझ पे मढ़ने को थे तैयार
और उनकी कारसाज़ी में हाथ मेरा भी ज़रा सा था ।
रंग भले चुने गए मेरे लिए ,मगर गहराए मैंने थे
खुद के रंग मैं भूल गई , ये अजब तमाशा था।
उनकी आँखें ज्यों परखे मुझको, त्यों मैं खुद को देखती
बदलती पहचानों से मेरी, मेरा आईना भी परेशाँ था ।
अमल मेरे एक से ना लगते कभी किसी को
किसी के लिए तोला तो किसी के लिए माशा था।
ज़र्रा ज़र्रा बिखर गया औरों के साँचे में भर गया
मेरा वजूद मुझ में ही इस कदर बेनिशाँ था।

कठिन शब्दों के अर्थ

वजूद – अस्तित्व, होना
मलबा – टूटे-फूटे हिस्से, बिखरे हुए टुकड़े
तराशा – आकार देना, गढ़ना
कारीगरी – हुनर, कला

मढ़ना – लादना, ऊपर चढ़ाना

कारसाज़ी – निर्माण करना, गढ़ना

गहराए – गहरे हुए, तीव्र हुए

अमल – कर्म, व्यवहार

तोलना (तोला) – परखना, मूल्यांकन करना

माशा – नाप-तौल की छोटी इकाई; यहाँ बहुत कम महत्व देना

ज़र्रा ज़र्रा – कण-कण, छोटे-छोटे हिस्से

सांचा – mold; ढाँचा

बेनिशाँ – बिना पहचान का, गायब

28. भूखे पेट

भूखे पेट सोऊँ कैसे माँ
ख़्वाबों में निवाला दिखता है
रोज़े भी अब तो ख़त्म हुए ना
देख चाँद का हाला दिखता है ”

अख्लाक की बत्ती गुल है और
आँखों में नाला दिखता है
मलबे में दबा है इंसान और
ईमाँ भी काला दिखता है
जलती हैं बस्तियाँ और आँच पे
मुल्क तो रोटियाँ सिकता है
कब उन को गज़्ज़ा दिखता है
ये समाज भी छाला दिखता है
वो छीना निवाला दिखता है

वाज़ेह है हकीकत उस पर भी
फिर भी वो कहानियाँ लिखता है
अंधे और बेहरों की बस्ती में
अखबार निराला बिकता है

उन अंधे बेहरे लोगों का
वो राजा भी काना दिखता है
उसे हर ओर दिवाली दिखती हैं
हमे हर ओर दिवाला दिखता है
वो छीना निवाला दिखता है ।

कुछ दूर कहीं एक माँ से फिर
इक बच्चा शिकायत करता है
खाली पेट सोऊँ कैसे माँ !
ख़्वाबों में निवाला दिखता है।
वो छीना निवाला दिखता है ।

कठिन शब्दों के अर्थ

अख़्लाक – नैतिकता, चरित्र, इंसानियत, शराफ़त।
हाला – चाँद के चारों ओर दिखने वाली हल्की-सी रोशनी की परछाईं या घेरा।
ईमाँ / ईमान – विश्वास, सच्चाई, चरित्र की पवित्रता; धार्मिक या नैतिक आस्था।
गज़्ज़ा (Gaza) – फिलिस्तीन का इलाक़ा, जो युद्ध और मानवीय संकट का प्रतीक बन चुका है।
छाला – फफोला, जख्म
वाज़ेह – स्पष्ट, साफ़, बिल्कुल ज़ाहिर।
बस्ती – मोहल्ला, इलाके में रहने वाले लोग।
निराला – अलग, खास, अनोखा।
दिवाला – आर्थिक बरबादी, कंगाली; पूरी तरह टूट जाना।

दिवाली – रोशनी का त्योहार; यहाँ प्रतीक है उत्सव/खुशहाली का।

काना – जिसकी एक आँख न हो या बहुत कम दिखे

29. अक्स

इक दफ़ा और रिश्ते में जान फूँकी है,
अना की हेकड़ी तोड़ी है,
ज़ुबाँ से माफ़ी जोड़ी है।
पर हर बार की तरह इस दफ़ा भी
कुछ बदल गया—
तुझ में भी, मुझ में भी।
फिर से जिलाने को रिश्ते सभी
कुछ मर गया—
तुझ में भी, मुझ में भी।

इक-दूजे को आइना दिखाते हैं,
ख़ुद आइना देखना भूल जाते हैं।
इसी कशमकश में टूट जाते हैं—
टूटे शीशों को समेटा है तूने भी, मैंने भी।
फिर जोड़ने की कोशिश में
खाए हैं ज़ख़्म कई—तूने भी, मैंने भी।

लो, फिर खड़ा है आइना सामने—
ना तू तुझ-सा है, ना मैं मुझ-सी।

हाँ, बिखरा-बिखरा-सा कुछ अक्स है,
कुछ-कुछ तुझ-सा, कुछ-कुछ मुझ-सा,
उसमें—अब हम नज़र नहीं आते।

कठीन शब्दों के अर्थ

दफ़ा -बार, एक बार
फूँकी है - जान डाली है, फिर से जीवित किया
अना - अहंकार, ईगो
हेकड़ी - घमंड, अकड़
जिलाने - पुनर्जीवित करने, फिर से जगा देने
कशमकश - दुविधा, अंदरूनी संघर्ष
शीशा - काँच (यहाँ रूपक में—रिश्ते का नाज़ुकपन)
अक्स - प्रतिबिंब, छवि

30. खंडहर

खंडहर के वो बचे कुचे सुतून गवाही भर को खड़े थे
कहने को कहानी अपनी कि ज़मानो से लड़े थे
अपनी बुनियाद पर गुमान था कभी जिन्हें
आज नंगे सिर बेलिबास से शर्मिंदा बड़े थे
तो टूटी दीवारों की गर्द उन से लिपट गई
किसी ने वहां अपने महबूब का नाम नहीं लिखा
उंगली से दिल को चीरता तीर नहीं बनाया
शायद यहां बरसों से कोई नहीं आया ।
कभी सजा करती थी महफ़िलें इर्दगिर्द उनके
आज भूतों के जमघट का अड्डा हो जैसे
लोग दूर से गुज़रते है फुसफुसाते हुए
वहाँ से रोज़ कोई आवाज़ सुनाई देती है एसे
जैसे कोई रो रहा हो करहते हुए ।
क्या तुम ने सुनी है कभी उस खंडहर की पुकार
क्या देखा है उन अदमरे सुतूनों की बुनियाद को
देखो तो, क्या फिर बहाल हो सकता है ये खंडहर?

कठिन शब्दों के अर्थ

खंडहर - उजड़ी हुई, टूटी-फूटी इमारत; ruins

सुतून - खंभे / स्तंभ (Columns / Pillars)

गुमान - अभिमान, घमंड, गर्व

शर्मिंदा - लज्जित, शरमाया हुआ

गर्द - धूल, मिट्टी की परत

महबूब - प्रियतम / प्रेमी / प्रेमिका

महफ़िलें - सभाएँ, जमावड़े, मिलन समारोह

जमघट - भीड़, समूह

अड्डा - ठिकाना, जुटने की जगह

करहते हुए - दर्द से कराहना, पीड़ा में आवाज़ निकालना

अदमरे सुतून - आधे टूटे हुए, अधमरे / बेहद क्षतिग्रस्त स्तंभ

बहाल - फिर से ठीक करना, पुनर्निर्माण,

31. कैकेयी

कैसे उँगली उठाऊँ तुझ पर कैकेयी
एक कैकेयी भीतर बड़ी है आतुर
मंथरा की बात सुनने को व्याकुल
इसे बताओ न, क्या खुश थी तुम
भेज राम को वनवास?

स्वार्थ के पथ पर फूल बिछे थे
फिर भी पाँव में शूल चुभे थे
जिस अपने के कारण विवश थी
ममता तेरी और सौतेलापन तेरा
उस भरत की आँखों में बदला था मान
सवालों के घेरे में खड़ा था सम्मान
क्या तुम सक्षम थी अपना पथ चुनने में?
या कड़ी थी तुम यह सारी कथा बुनने में?

कैसे बोझ ढोया होगा टूटते नातों का?
क्या सुना पाई कभी दुख जागती रातों का?
ग्लानि में तपते अग्निपथ पर चलते-चलते
कभी सोचा तो होगा ना
कि एक वनवास तुम भी भोग रही हो।।।

कठिन शब्दों के अर्थ

आतुर - बेचैन, बहुत इच्छुक

ग्लानि - अपराधबोध, शर्म

अग्निपथ - कठिनाइयों से भरा रास्ता

32. किंत्सुगी

टूटा काश का कासा था
जो कभी भर ना पाता था
भर जाता अगर कभी वो तो
क्या जीना हम को आता था?

दरारें उसकी तो गहरी थी
हर काश के आगे बहरी थी
काश कभी कोई रूकना चाहे
'नो पार्किंग' कहती ठहरी थी ।

उम्मीदें आस बंधाती थी
काश का साथ निभाती थी
हर छोटी-बड़ी दरारों से
ख्वाबों की सदाएं आती थी।

एक दिन आंधी ने झंझोड़ा
काश का कासा ऐसे तोड़ा
दरारें खुल के रह गई
काश ने आस का दामन छोड़ा।

वक़्त की भट्टी में तप गया
काश सोना बन के छप गया
उम्मीद के गोंद में मिल कर
कासे की दरारें लिप गया

यूं काश ही कासा हो गया
और कासा नया सा हो गया
काश से किंत्सुगी हो गई
और कासा ज़िंदगी हो गया।

कठिन शब्दों के अर्थ

कासा - मिट्टी या धातु का बर्तन; यहाँ प्रतीकात्मक रूप से मन, दिल या जीवन के बर्तन के रूप में।
दरारें - टूटन, बिखराव, मन की चोटें; यहाँ भावनात्मक टूटन का प्रतीक।
सदाएँ - आवाज़ें, पुकारें;
किंत्सुगी -जापानी कला जिसमें टूटे बर्तन को सोने के lacquer से जोड़कर उसे पहले से अधिक सुंदर बना दिया जाता ह।

33. बाक़ी है

ना ज़ेहमत दो अपने ज़ेहन को,
अभी तो पूरी ज़ात बाक़ी है।
मुझे जानने की इतनी जल्दी क्या है,
अभी मुझसे मेरी मुलाक़ात बाक़ी है।

क्यों अभी से ख़ंजर लिए बैठे हो,
कुछ भी तो न कहा— अभी तो पूरी बात बाक़ी है।
और ज़बान अलग कर भी दोगे तो
चैन से न बैठो— अभी मेरे हाथ बाक़ी हैं,
कुछ अल्फ़ाज़ बाक़ी हैं और दवात बाक़ी है।

मुझे ज़लील-ओ-ख़ार करने पर आमादा हो,
जलते हो मुझसे या फिर ग़मज़दा हो?
कर लो जो चाहे, बन पड़े तुमसे—
मुझको यक़ीन है, कुछ करामात बाक़ी है,
कुछ हिसाब बाक़ी है, और कुछ ख़ैरात बाक़ी है।

कठिन शब्दों के अर्थ

ज़ेहमत – परेशानी, कष्ट

ज़ेहन – मन, विचार

ज़ात – व्यक्तित्व, अस्तित्व

मुलाक़ात – भेंट, मिलना

ख़ंजर – छुरा, चाकू

दवात – स्याहीदान (ink pot)

ज़लील – अपमानित, तिरस्कृत

ख़ार करना – नीचा दिखाना, अपमानित करना

आमादा – तैयार, तत्पर

ग़मज़दा – दुःखी, पीड़ा से भरा

करामात – चमत्कार, अद्भुत काम

ख़ैरात – दान, भिक्षा, नेकी

34. मेरा घर

कोई किराया नहीं है
हाँ मगर घर ये मेरा नहीं है
यहाँ बसा हर शख्स मुझसे वाबस्ता है
सब मेरे है कोई पराया नहीं है
घर मेरा नहीं है , बस कोई किराया नहीं है ।

मेरी शखसियत का आईना बना है
हर कोना मेरी खुशबू में सना है
उसका एहसास मुझ में रवाँ है
मेरे हर सफर की मंज़िल बना है
फिर भी घर मेरा नहीं है
बस कोई किराया नहीं है।

कभी मायका है कभी ससुराल है
दरवाज़े पे टंगी तखती मुहाल है
कभी घर की बेटी कभी बहू हूँ मैं
मैं घर की तो हूँ पर घर मेरा नहीं है
बस कोई किराया नहीं है।

35. ऊंची दहलीज़

बहुत ऊँची हैं दहलीज़ें खुले दरवाज़ों की,
पहुँच नहीं वहाँ तक नपे हुए परवाज़ों की।
ना लाँघते बने, ना उड़ते बने—हैं पर बँधे,
सुनो तो कभी सदा दबी हुई आवाज़ों की।

है परों पर यक़ीन, भरोसा परवाज़ पर है,
नहीं भरोसा मगर हवाओं के अंदाज़ पर है।
कैफ़ियत बदलती रहती है अक्सर अंदाज़ों की,
बहुत ऊँची हैं दहलीज़ें खुले दरवाज़ों की।

जब तक दिल की बात लबों पर थी,
हालत-ए-मासूमियत भी अपने ढब पर थी।
अब चाबियाँ ढूँढती रहती हूँ बंद दराज़ों की—
बहुत ऊँची हैं दहलीज़ें खुले दरवाज़ों की।

उड़ना तो है ही—जो अब पर निकल आए हैं,
छाँटने भी होंगे वो साये जो अंधेरों के छाए हैं।
कुछ राह भी दिखानी होगी अपने जावाज़ों की,
बहुत ऊँची हैं दहलीज़ें खुले दरवाज़ों की।

मौके भी आएँगे, और धोखे भी खाएँगे,
कभी छोड़ जाएँगे, कभी वापस भी आएँगे।
क्या ख़बर हमको ख़ुदा के छुपे हुए राज़ों की–
बहुत ऊँची हैं दहलीज़ें खुले दरवाज़ों की।

कठिन शब्दों के अर्थ

देहलीज़ - दहलीज़ / चौखट (threshold)
परवाज़ - उड़ान
सदा - आवाज़ / पुकार
यक़ीन - विश्वास
अंदाज़ - तरीका / मिज़ाज / रवैया
कैफ़ियत - स्थिति / हालत
लब - होंठ
ढब - ढंग / तरीका
दराज़ - आलमारी की खानों वाले खींचने वाले डिब्बे (drawer)
जावाज़ - वजह / औचित्य / ठहराव का कारण

36. वसीय्यत

होश-ओ-हवास में कहती हूँ आज,
जानती हूँ वक़्त का नहीं कोई इलाज।
मैं कल में रहूँ न रहूँ, या कल मेरा हो न हो,
आज ज़बान चल रही—कल गुफ़्तगू हो न हो।

वसीय्यत बयान करती हूँ, तुम लिख लेना,
मोहर लगे काग़ज़ों पर, फिर छाप लेना।
नज़्म ही लिखी जाए, जो हम लिखने पर आए—
कानूनी काग़ज़ों पर ये मिज़ाज कहाँ भाए।

ख़ैर... लिखना अपने ही अल्फ़ाज़ में।
अधूरी कविताएँ भरी पड़ी हैं दराज़ में,
उन्हें मेरे ही साथ दफ़्न करना।
जो पूरी हैं, उन्हें छपवाने का बंदोबस्त करना।

फ़ोन में तस्वीरें हैं पुरानी—डिलीट मत करना,
यादों का सरमाया है जो छोड़ जाऊँगी;
याद कर कभी, तुम भी मुस्कुरा देना।

धन-दौलत तो नहीं है पास मेरे,

दुआएँ हैं अपनी—सो दिए जाऊँगी;
कुछ उनमें से मेरे लिए भी ख़र्च करना।

कुछ दुनियावी सामान है—बाँट देना।
अधूरे सपनों का बोझ तुम पर नहीं है,
गर पूरा करना चाहो कोई तो
देख-दिखा के छाँट लेना।

भागती-दौड़ती ज़िंदगी में
शहद सुकून का चाट लेना—
बर्नी शहद की छोड़ जाऊँगी।

फैली जंगली घास-सी, बिन बोए,
दिलों में कड़वाहट लिए सोए;
जो बोया नहीं, वो काँटूं कैसे?
उनमें शहद ये बाँटूं कैसे?

मेरे बाद ये बाँट देना,
हो सके तो जड़ से काट देना।
फसल ज़हर की—छाँट देना;
क्या करोगे उस ज़हर का
जब मैं दम तोड़ जाऊँगी?
बर्नी शहद की मगर छोड़ जाऊँगी।

कठिन शब्दों के अर्थ

होश-ओ-हवास - पूरी समझ-बूझ, मानसिक संतुलन

गुफ़्तगू - बातचीत

वसीय्यत - मृत्यु के बाद की इच्छाओं का बयान

मिज़ाज - स्वभाव, प्रकृति, रुझान

अल्फ़ाज़ - शब्द

दफ़्न - मिट्टी में दफनाना, साथ ले दफ़न करना

दुनियावी - सांसारिक, दुनिया से जुड़ा

बर्नी - काँच या मिट्टी का छोटा जार

37. मीरा की पाती

भेज रही हूँ पाती कान्हा कहे जो मेरा हाल
जोगन तेरी हुई बाँवरी बीते महीने साल।

माँग सजाई तेरे नाम की, हुआ है तेरा तन मन
मुझ में मेरा नहीं है कुछ भी कहता यही है दर्पण ।

रोम रोम में बसा के तुझको खोजू खुद को कहाँ
तुझ में विलीन हो जाने दे सब हँसते है यहाँ ।

जीह्वा पे तेरे नाम सिवाय और कुछ न लाई
जपती रही नाम तेरा तो जोगन मैं कहलाई।

क्या सरोकार संसार को तेरी मेरी लगन से
मैं दीवानी मोह लगाया मैंने भी भगवन से।

देकर विष का प्याला सोचा बड़ा दाव खेला है
जो भगवन संग रहे हमेशा वह कहाँ अकेला है।

मुझे मुरली की धुन बना कर संग अपने ही रखलो

मोरपंख के किसी भी रंग में साजन मुझको रंगलो।

ना मुकुट का बन पाउँ साज तो चरणों में ही रखलो
तुम्हारी मीरा की भक्ति का कुछ तो मान रखलो।

38. हसरतों के क़फ़स

हसरतों के क़फ़स को तोड़ा भी नहीं, छोड़ा भी नहीं
कमज़र्फ निगाहों को खोला भी नहीं, मोड़ा भी नहीं।
लाचार रूह टकराती रही ज़मीर की दीवारों से,
जिल्द की दरारों से आगे तूने तो देखा भी नहीं।

पशेमानियाँ टपकती रहीं, ठिठुरती रही थी रूह,
गरमाहट को कोई कहीं छोटा-सा ज़रिया भी नहीं।
रिसते ज़ख़्मों ने दामन को भिगोया है इस क़द्र,
मरहम न मिला और दामन को निचोड़ा भी नहीं।

नफ़्स-सी कमज़ोर हैं सलाख़ें—क़फ़स की जान ले,
थामे रहा सलाख़ें ख़ुद ही और उन्हें तोड़ा भी नहीं।
उधड़े परों को पैबंद लगा के मज़बूत कर दिया,
क़फ़स का आदी न हुआ दिल, मगर उड़ा भी नहीं।

कठिन शब्दों के अर्थ

हसरत - चाह, तड़प, अरमान
क़फ़स - पिंजरा / बंधन
कमज़र्फ - तंगदिल, छोटी सोच वाला

लाचार - बेबस, मजबूर

रूह - आत्मा

ज़मीर - अंतरात्मा, विवेक

जिल्द - त्वचा, बाहरी परत

दरार - चीर, फटाव

पशेमानी - शर्म, पछतावा

ज़रिया - साधन, तरीका

रिसते ज़ख़्म - बहते हुए घाव

नफ़्स - मन का कमजोर/ख़्वाहिशी हिस्सा

पैबंद - टुकड़ा सिलकर सुधारना / जोड़

आदी - अभ्यस्त, जिसकी आदत हो गई हो

39. दस्तख़त

बिन छुए जो दस्तख़त रूह पर हुए,
तो ये रूह मेरी है तेरे हवाले।
बस जिस्म को लौट जाने की इजाज़त दे दे,
कि दुनिया हमारे सफ़र की मंज़िल नहीं।

ये दुनिया तो फ़ानी है,
इस जिस्म-ए-ख़ाकी की तरह
एक रोज़ ख़त्म हो जानी है।

उम्र-ए-दवाम में ये कहाँ काम आएगे–
आख़िरत के आगे हम वहीं तो जाएगे।
वहाँ अपने दस्तख़त से पहचान लेना रूह मेरी,
कि अबद माँगा है ख़ुदा से– ये ख़ाक नहीं।

कठिन शब्दों के अर्थ

रूह - आत्मा
फ़ानी - नश्वर, मिट जाने वाला
जिस्म-ए-ख़ाकी - मिट्टी से बना शरीर

उम्र-ए-दवाम - अनंत जीवन, हमेशा रहने वाली उम्र (आख़िरत की उम्र)

आख़िरत - परलोक, मृत्यु के बाद की दुनिया

अबद - अनंत काल, सदैव रहने वाली अवस्था

दस्तख़त - हस्ताक्षर / पहचान का निशान

इजाज़त - अनुमति

40. पिंजरा

मैं अपना पिंजरा ख़ुद साथ लिए फिरती हूँ,
कैदी नहीं हूँ, मगर फ़रियाद लिए फिरती हूँ।
सलाखें आस-पास अब नज़र नहीं आती,
मैं उन सलाख़ों की याद लिए फिरती हूँ।

ये आसाइशें, ये महफ़िलें काम न आएँगी,
आज़माइशें मेरी मुझे कुछ तो सिखाएँगी।
अपनी आज़माइशों की तादाद लिए फिरती हूँ,
मैं अपना पिंजरा ख़ुद साथ लिए फिरती हूँ।

नहीं ज़रूरत अख़बारों की, झूठी–सच्ची ख़बरों की,
उठ रही अरतियों की, खुद रही क़ब्रों की।
मैं रूह पर ज़ख़्म-ए-फ़साद लिए फिरती हूँ,
मैं अपना पिंजरा ख़ुद साथ लिए फिरती हूँ।

है मरम्मत की ज़रूरत, ज़रा इलाज करवा दे कोई,
भटकते हुए खो गई हूँ मैं,मुझसे मिलवा दे कोई।
अपनी तितर-बितर बिखरी बुनियाद लिए फिरती हूँ,
मैं अपना पिंजरा ख़ुद साथ लिए फिरती हूँ।

मैं कुछ अलग नहीं, सब ही हैं इस हाल में,
फँसे हुए हैं सब ही किसी न किसी जाल में।
उन पोशीदा ज़ंजीरों की झंकार लिए फिरती हूँ,
मैं अपना पिंजरा ख़ुद साथ लिए फिरती हूँ।

कठिन शब्दों के अर्थ

फ़रियाद - शिकायत, गुहार, दर्द भरी पुकार
सलाख़ें - लोहे की सींखचें (जेल की पट्टियाँ)
आसाइशें - सुख-सुविधाएँ, आराम
आज़माइशें - परीक्षाएँ, कठिनाइयाँ
तादाद - संख्या, गिनती
ज़ख़्म-ए-फ़साद - लड़ाई-झगड़े से मिले घाव, भीतर का टूटन
मरम्मत - ठीक करना, सुधार
तितर-बितर - बिखरा हुआ
बुनियाद - नींव, आधार
पोशीदा - छुपी हुई

41. माटी

माटी की यह दुनिया,
माटी के गुड्डा–गुड़िया।
गीली माटी-सा बचपन,
सौंधी महक लिए कुम्हारन
काल के चाक पर गढ़ती है
एक मृद्भांड-सा यौवन।

कोई कलश, कोई दिया बने,
कोई सुराही, कोई कुल्हड़ बने;
कोई समतल सा पात्र हो
तो कोई गहरी गागर बने।

भट्टी में तो सबको तपना होगा,
जीवन को अगर जपना होगा।
तभी तो योग्य पात्र बन पाएँगे,
तभी तो दुनिया में टिक पाएँगे।

कितना कुछ उसमें भरना है—
धर्म, कर्म, शक्ति, भक्ति;
जीवन, मरण और मुक्ति।

नश्वर देह तो माटी में मिलना है,
माटी ओढ़-बिछा के सोना है;
मगर काहे का रोना है?

फिर छान के माटी लाएगा कुम्हार,
फिर से होगी गागर तैयार।

कठिन शब्दों के अर्थ

गढ़ना -आकार देना, बनाना
मृद्भांड - मिट्टी का बना बर्तन (मृद = मिट्टी + भांड = पात
सुराही - लंबी गर्दन वाला पानी रखने का बर्तन
नश्वर - न टिकने वाला, नष्ट होने वाला

तीसरा भाग

चालें लफ़्ज़ों की भी साज़िशें हो रही है
ग़ज़लों को बुनने की कोशिशें हो रही है
मुश्किल हर्फ़ ओ हरकत की है गिनती
मगर
खुबसूरत ये बड़ी बंदिशें हो रही है

42. ग़ज़ल - 1

बिफ़रती मौजे तूफ़ाँ खुद लगा देगा क़रीने से
ख़ुदा पर है तवक्कुल तो उतर जा तू सफ़ीने से

हवाएं ले गई बादल उड़ा कर इस इलाके से
है सूखे खेत अब इनको चलो सींचे पसीने से

दुआ पाने को ये दुनिया करे सजदे नमाज़ो में
तुझे पाने को मालिक हम रहे रोज़े महीने से

बड़ा बेचैन है ये दिल कभी घर तो बुला मौला
कहे लब्बैक मक्का में , दुआ भेजे मदीने से

कभी पत्थर समझते थे हमीदा को जहां वाले
वही तश्बीह देते हैं हमारी अब नगीने से

कठिन शब्द / मुहावरे और उनके अर्थ

बिफ़रती – उफ़नती हुई, ग़ुस्से में उठती-फटती।

मौजे - लहरें

क़रीने से - सलीके से, ठीक ढंग से, व्यवस्थित रूप से।

तवक्कुल - भरोसा, विश्वास, विशेष तौर पर ईश्वर पर पूरा भरोसा।

सफ़ीना - किश्ती, नाव

इलाक़ा - क्षेत्र

सजदे - माथा टेकना, इबादत का एक रूप।

नमाज़ - इस्लामी प्रार्थना/नमाज़।

रोज़े - उपवास; इस्लाम में रमज़ान के रोज़े।

बेचैन - अशांत, व्याकुल, चैन न होना।

लब्बैक - "मैं हाज़िर हूँ" — हज और उमरा में कही जाने वाली पुकार।

तश्बीह - उपमा देना, तुलना करना।

नगीने - कीमती पत्थर, रत्न।

43. ग़ज़ल - 2

तुम ख़फ़ा हो तो कसक सी है हवा में देखो
उम्र गुज़री हो मेरी दश्ते फ़ना में देखो

देखना मुझको जफा में है तेरी कमज़र्फी
ढुंढना चाहो मुझे गर तो वफ़ा में देखो

बेअसर मुझपे है हर ज़हर तेरा दुश्मन ए जां
है असर ऐसा मेरी मां की दुआं में देखो

तुम तो हर बात पे तनक़ीद किए जाते हो
तुम सा है कौन गिरफ्तार अना में देखो

ये जो बाज़ार में फैलीं है वो अफवाहें हैं
जो हमीदा की हकीकत है अदा में देखो।

कठिन शब्दों के अर्थ

1. ख़फ़ा – नाराज़, रूठा हुआ
2. कसक – टीस, हल्का-सा दर्द
3. दश्ते फ़ना – नाश/नश्वरता का रेगिस्तान; जीवन की वीरानी
4. जफ़ा – बेवफ़ाई, अत्याचार, सख़्ती

5. कमज़र्फ़ी – कमनीयता/उदारता का अभाव; ओछापन, छोटा दिल होना

6. वफ़ा – निष्ठा, वफ़ादारी

7. बेअसर – असर न करने वाला

8. ज़हर – विष

9. दुश्मन-ए-जाँ – जान का दुश्मन, प्राणघाती विरोधी

10. असर – प्रभाव

11. दुआँ/दुआएँ – प्रार्थनाएँ, आशीर्वाद

12. तनक़ीद – आलोचना,

14. अना – अहंकार

15. अफ़वाह – झूठी ख़बर, बिना प्रमाण की बातें

16. हक़ीकत – सच्चाई, वास्तविकता

17. अदा – अंदाज़, शैली, व्यवहार का ढंग

44. ग़ज़ल - 3

वो भी मुझसा बेघर होगा
मुझ से मिल कर बेहतर होगा

सोचो कैसा मंज़र होगा
जिस दिन रोज़ ए महशर होगा

जिस्मों के कपड़े ना होगे
बस रूहों का अस्तर होगा

ज़ख्मी दिल को बेहलाने को
उन हाथों में नश्तर होगा

बोझिल हो जब ख्वाब से आंखें
तब कांटों सा बिस्तर होगा

हम जिसको हीरा समझे थे
किसको पता था पत्थर होगा

कठिन शब्दों के अर्थ

1. बेघर – बिना आसरा, बिना ठिकाने का

2. मंज़र – दृश्य, नज़ारा

3. रोज़-ए-महशर – क़यामत का दिन, हिसाब-किताब का दिन

4. जिस्म – शरीर

5. रूह – आत्मा

6. अस्तर – अंदर की परत / लाइनिंग

7. ज़ख़्मी – घायल

8. बेहलाना – दिलासा देना, मन बहलाना

9. नश्तर – तेज़ चाकू, शल्य उपकरण

10. बोझिल – भारी, थकी हुई

45. ग़ज़ल - 4

ये निगाहों की ज़ुबाँ यू हीं सुनी जाएगी
बात जो दिल में है कब हम से कही जाएगी ।

जब कली ख़ुल्द के गुलशन से चुनी जाएगी
नूर धागे में पिरो कर वो बुनी जाएगी ।

ताब सेहरे का तिरे चांद को शर्मा देगा
इसकी तारीख भी खुश्बू से लिखी जाएगी ।

तू निगाहों से दरखशा करें दुनिया मेरी
तू नज़र फेरेगा रौनक़ ये चली जाएगी ।

तुझ से मंसूब निशाना है तिरे हाकिम का
तेरे शाने पे ही बंदूक रखी जाएगी ।

तू तो अंजाम से वाकिफ है हमीदा अपने
आख़री पन्ने पे बस मौत लिखी जाएगी ।

कठिन शब्दों के अर्थ

1. निगाहों की ज़ुबाँ – आँखों की भाषा, वह बात जो बिना बोले आँखें कह दें।

2. क़ुल्द / ख़ुल्द – जन्नत, स्वर्ग।

3. गुलशन – बाग़, बगीचा।

4. नूर – रोशनी, प्रकाश।

5. सेहरा – विवाह का मुकु, फूल आदि से बनी माला की पंक्ति जो दूल्हे के सिर पर बाँधी जाती है और सिर के नीचे मुख की ओर लटकती रहती है;

6. दरख़शाँ – चमक उठना, जगमगा देना।

7. रौनक़ – चमक-दमक, सुंदरता, शोभा।

8. मंसूब – सम्बन्धित।

9. हाकिम – शासक, मालिक, सत्ता वाला व्यक्ति।

10. अंजाम – अंत, परिणाम।

11. वाक़िफ़ – परिचित।

46. ग़ज़ल - 5

पूछा ही था बस नाम खतावार हुआ है
मालूम नहीं कैसे गुनाहगार हुआ है

वाईज़ कोई रिंदों का सरदार हुआ है
एलान ये देखो सर ए बाज़ार हुआ है

अब चैन से सो लेती हूं निस्बत में मैं उसकी
लगता है कि अब वो मेरा घर बार हुआ है

अश्कों से धुली आंख तो तू साफ दिखा है
अब मुझ पे नुमायां तिरा किरदार हुआ है

तू उसकी तमन्ना में तो मुश्ताक रहा था
फिर पा के उसे किस लिए बेज़ार हुआ है

औलाद की तशवीश में एक बाप बिचारा
मुश्किल से ही सोया था कि बेदार जल

तू जिसके लिए पीर से हफ्ता है हमीदा
तेरे लिए क्या वो कभी इतवार हुआ है

कठिन शब्दों के अर्थ

खतावार – दोषी
गुनाहगार – अपराधी
वाईज़ – नसीहत देने वाला, धार्मिक उपदेशक
रिंद – शराबी
सर-ए-बाज़ार – बाज़ार के बीचों-बीच, सबके सामने
निस्बत – संबंध, जुड़ाव
अश्क – आँसू
नुमायां – स्पष्ट, साफ़ दिखाई देने वाला
किरदार – चरित्र, स्वभाव
तमन्ना – इच्छा, चाहत
मुश्ताक – आतुर, चाहने वाला
बेज़ार – ऊब जाना, उदासीन हो जाना
औलाद – बच्चे, संतान
तशवीश – चिंता, फिक्र
बेदार – जाग जाना
पीर – सोमवार
हफ्ता – शनिवार
इतवार – रविवार (आराम का दिन)

47. ग़ज़ल - 6

इक तजल्ली के छुए हैं वो सर- ए - तूर हैं हम
ख़ाक़ हो कर भी बिखर जाने पे मग़रूर हैं हम

कहना वाइज़ का बजआ है नहीं कुफ्फार हमें
कुछ फरिश्तों ने है बतलाया कि मबरूर हैं हम

दिल लगाया था तुझी से , हां थे बीमार तिरे
तूने यूं दूर किया जैसे कि नासूर हैं हम

खुश्क चश्मों से न बरसे वो घटाओं से बहे
आसमां को ही पता है बड़े रंजूर हैं हम

तुम जो बिछड़े तो ज़माने से भी हम दूर हुए
सारी दुनिया ये समझती है कि मग़रूर हैं हम

रख के बुनियाद तरक्की की भी पस्ती में है जो
घर भी पलता है दिहाड़ी पे वो मज़दूर हैं हम

वह नहीं जानता ग़म इसका हमीदा को नही
अपनी बस्ती में सही हां बड़े मशहूर हैं हम

--- कठिन शब्दों के अर्थ ----

तजल्ली - रौशनी का अचानक प्रकट होना, दिव्य चमक, नूर का प्रकट होना।

सर-ए-तूर - तूर पहाड़ की चोटी (वही जगह जहाँ हज़रत मूसा पर नूर तजल्ली हुआ माना जाता है)।

ख़ाक़ - मिट्टी।

मग़रूर - अहंकारी

वाइज़ - नसीहत करने वाला, धर्मोपदेशक।

बजआ - ठीक, उचित, मुनासिब, उपयुक्त, दरुस्त

कुफ़्फ़ार - काफ़िर का बहुवचन—अविश्वासी, ईमान ना लानेवाले

मबरूर - क़ुबूल किया हुआ, नेक, पवित्र, भलाई वाला।

नासूर - गहरा घाव

रंजूर - बहुत उदास, बहुत परेशान

तरक्क़ी - उन्नति, प्रगति।

पस्ती - नीचा होना, गिरावट, अधोस्थिति

48. नज़्म

हैं आंखें मेरी चराग ए तुर्बत
है पोश ए तुर्बत लिबास मेरा

बदन की मिट्टी है ख़ाक़ मेरी
ये दुनिया है एक क़िसास मेरा

ये सांस रस्मन ही आती जाती
धड़कता दिल है रिवाज मेरा

ये कान सुनते है चीखें सबकी
मगर है बहरा हवास मेरा

है ज़ुल्म होता तो देखा मैंने
मगर है चुप एतराज़ मेरा

मैं तुम को ज़िंदा तो लग रहा हूं
मगर है मुर्दा मिज़ाज मेरा।

कठीन शब्दों के अर्थ

चराग़-ए-तुर्बत – क़ब्र (मज़ार) पर जलाई जाने वाली रोशनी / दीपक
पोश-ए-तुर्बत – क़ब्र पर डाला जाने वाला कपड़ा / चादर
लिबास – वस्त्र, पहनावा
क़िसास – बदला, प्रतिशोध / परिणामस्वरूप मिलने वाला हिसाब
रस्मन – केवल रस्म के तौर पर, औपचारिकता के रूप में
रिवाज – परंपरा, आदत, चलन
हवास – इन्द्रियाँ (sense), महसूस करने की क्षमता
एतराज़ – आपत्ति, असहमति
मिज़ाज – स्वभाव, मनोदशा

49. ग़ज़ल - 7

अब कि बारिश ये कितनी खारी है
अब्र की लगती अश्क बारी है

जिसकी शाहों पे शहरयारी है
वो मुसल्ले पे इक भिखारी है

अपने जुमलों से ज़ख़्म देता है।
तेरी बातें हैं या कटारी है

शिर्क शायद से तू नहीं करता
तू अना का मगर पुजारी है

तुझ को लगता है चाल तेरी है
तुझ से करवाता इक मदारी है

अकसरिय्यत यहां है झूठों की
उनके हिस्से ही ताजदारी है

जान से जाएगा जो सच बोला
चुप ही रहने में होशियारी है

मर ही जाऊं गर ऐसे जीना है
ऐसे जीने से मौत प्यारी है

बंद थी अब तलक, हमीदा ने
ख़्वाब की खोली वो पिटारी है

कठिन शब्दों के अर्थ

1. खारी – नमकीन, खारेपन वाली।
2. अब्र – बादल।
3. अश्क-बारी – आँसू गिरना, अश्कों की बारिश।
4. शाहों – राजाओं, बादशाहों।
5. शहरयारी – बादशाही, शासन करना।
6. मुसल्ला– नमाज़ पढ़ने की चटाई, नमाज़ पढ़ने की जग7. ख़ुमारी – नशा, मादकता, हल्की मदहोशी।
8. जुम्ले – कथन, वाक्य, बातें।
9. कटारी – छुरी, तेज़ हथियार,
10. शिर्क – किसी को ख़ुदा का साझी ठहराना (इस्लामी मान्यता में बड़ा गुनाह)।
11. अना – घमंड, अहंकार, स्वयं को बड़ा समझना।
12. पुजारी – उपासक, पूजा करने वाला
13. मदारी – जादू दिखाने वाला, खेल करवाने वाला
14. पिटारी – डिब्बा/संदूक जिसमें चीज़ें जमा हों
15. अकसरिय्यत - संख्या या मात्र में अधिक, बहुमत ह

50. ग़ज़ल - 8

याद रख कर वो तेरे ज़ेर-ज़बर क्या करते
खोखले लफ़्ज़ तेरे दिल पे असर क्या करते

बंद आँखें ही वजह है तिरी बेनूरी की
आते-जाते हुए ये शम्स-ओ-क़मर क्या करते

है तमन्ना तिरे दीदार की इक अरसे से
सामने आते ही झुकती है नज़र, क्या करते

दश्त में भटके हैं साए की तलब में राही
आग में झुलसे हुए हैं वो शज़र, क्या करते

तू सबब जिसका रहा है वही रूदाद-ए-ग़म
क़ल्ब-ए-मुस्तर की ये ,अब तुझको ख़बर, क्या करते

सब की हस्ती को बनाया है हमीदा रब ने
वो न कहता जो अगर 'कुन', तो बशर क्या करते

कठिन शब्दों के अर्थ

ज़ेर-ज़बर – उलट-पुलट करना, छोटा-बड़ा करना
खोखले लफ़्ज़ – बिना अर्थ या सच्चाई के शब्द
बेनूरी – न रौशन होना, नूर/चमक का न होना
शम्स-ओ-क़मर – सूर्य और चंद्रमा
अरसा – बहुत लम्बा समय
दीदार – दर्शन, मुलाक़ात
दश्त – बियाबान, वीराना
साए की तलब – छाँव की चाह/ज़रूरत
राही – मुसाफ़िर, यात्री
शज़र – पेड़
सबब – कारण
रूदाद-ए-ग़म – दुख की कहानी
क़ल्ब-ए-मुस्तर – बेचैन/बेचैन दिल
ख़बर – जानकारी, पता
हस्ती – अस्तित्व, जीवन
कुन – “हो जा” (अल्लाह का सृजन आदेश)
बशर – इंसान, मानव

www.ingramcontent.com/pod-product-compliance
Lightning Source LLC
Chambersburg PA
CBHW050530240926
51846CB00003B/760
9789373141244